# EDICT
# De la suppression des
# GRENETIERS
## alternatifz. 12.

## A PARIS

Pour Ian Dallier, demeurant sur le pont sainct
Michel, à l'enseigne de la Rose blanche.
Et pour Vincent Sertenas, tenant sa boutique
au Palais, en la gallerie par ou on va
à la Chancellerie.

### 1555.

# EXTRAICT
## du priuilege.

*Il est permis à Ian Dallier Libraire, demeurant à Paris, de faire imprimer l'Edict faict par le Roy, de la suppreßion des Grenetiers alternatifz, & deffenses sont faictes à tous autres quelz conques de n'imprimer, vêdre ou distribuer autres que ceulx que ledict Dallier aura faict imprimer, sur peine de confiscation de ce qu'ilz auroient imprimé, vendu ou distribué, & d'amende arbitraire, & ce insques à trois ans, comme plus à plain est contenu en sa lettre de permißion.*

HENRY par la grace de Dieu Roy de Frãce, à tous prefens & aduenir, falut. Les Grenetiers anciens des greniers & magazins à fel de nõ ftre royaume nous ont par leur requefte à nous & noftre confeil priué prefentée, faict remõftrer qu'ilz ont efté pourueuz defdictz eftatz, & pour iceulx payé groffe finance, les vns plus, les autres moins, ayans efgard non feulement aux gages qui pour ce leur eftoyent ordõnez, mais auffi pour confideration des droictz y de toute anciéneté ordõnez & appartenãs, & exercice de la iuftice. Et cõbien que les caufes qui nous ont meu de faire noz officiers cõptables alternatifz ne fe puiffent

A ii

adapter estendre ny auoir lieu pour
leur regard, ce neantmoins pour ce
que pour la subuention de noz affaires auõs faict lesdictz offices alternatifz, & de ce faict expedier noz
lettres de declaration, aucuns se se-
royent faict pouruoir d'iceux, & 
que par le moyen de leurs prouisiõs
ilz pourroyent pretendre debuoir
iouyr des droictz, profitz & esmo-
molumens appartenãs ausdictz anciens grenetiers. Pour consideratiõ
desquelz, ilz nous auroyét ( comme
dict est) fourny trop plus grosse fi-
nãce que s'ilz n'eussent eu que sim-
plement leurs gages à eulx ordonnez, & si pourroit aduenir autre
confusion en ce qu'iceulx exposans
s'estans chargez, chascun en son
regard, du sel descendu en leurs greniers, par la certification baillée à
noz officiers des bouche & entrées

de riuieres pour ce accouſtumez
aux Treſoriers generaulx de noz finances . Et n'eſtất la rotalité dudict
ſel diſtribuée durất l'année de leur
exercice, l'alternatif de ce qui en re-
ſteroit ne ſen voudroit charger ſãs
nouuel meſurage, lequel ne ſe pour
roit faire ſans doubles frais & vexa-
tiõs à nous, noz fermiers & ſuiectz,
& autres incõueniens. Pour à iceulx
obuier, nous ſupplioient & reque-
roient treshumblement dõner cer-
tain reglement, par lequel ilz fuſ-
ſent conſeruez en leurſdictz eſtatz,
ou bien vouloir eſteindre & ſuppri
mer leſdictz eſtatz alternatifz. Et
combien que le rembourſemét requis pour icelle ſuppreſſion ne ſe
pourroyt faire de noz deniers, pour
eſtre noz affaires ſi preſſez qu'ilz
ſont, offroyent chaſcun en leur regard faire ledict rembourſement

A iij

aufdictz alternatifz, s'il nous plai-
foyt leur attribuer les gages ordonnez à iceulx.

SCAVOIR faifons que nous
ayans efgard aufdictes remonftrá-
ces & offres d'iceulx fupplians, de-
firans iceulx maintenir & cõferuer
en leurs anciens droictz, prerogati-
ues & préeminences, & obuier aux
troubles, defordres, diuifions, & dif-
ferendz qui pourroient fourdre &
aduenir entre eulx, & lefdictz alternatifz, par le moyen defquelz noz
fubiectz pourroyent eftre incom-
modez & trauaillez, & noz affaires
concernans leurs charges troublez
& mis en defordre. Pour ces caufes
& autres bonnes confiderations à ce
nous mouuans, par l'aduis & delibe-
ration des gens de noftredict confeil, & de noftre certaine fcience,
pleine puiffance & autorité royal,

Auons dict, declairé, voulu & ordonné : difons, declarons, voulons
ordonnons , & nous plaift par ces
prefentes , qu'en rembourçant par
lefdictz fuppliãs & chafcun d'eulx
refpectiuement , fuyuant leurs offres , ceulx qui fe trouueroyent
pourueuz defdictz offices de Grenetiers & recepueurs alternatifz de
ce qu'ilz en ont desbourfé & fourny es mains du Treforier & recep-
ueur general de noz finances extra-
ordinaires & parties cafuelles, & e-
ftans pourueuz d'iceulx, enfemble
de leurs loyaulx couftz, fraiz, & mi-
fes , que nous auons taxé & mode-
ré , taxons & moderons à la fomme
de douze efcuz fol pour chafcuns
iceulx offices de recepueurs alternatifz defdictz magazins , greniers à
fel & chãbres en dependétes, feroiét
& demeureroiét fupprimez , eftein,

& aboliz,& par ces preſentes les ſup
primōs, eſteignons & aboliſſons,au
proffit deſdictz ſupplians, auſquelz
en ce faiſant auons attribué & attri-
buōs par ces preſentes meſmes gages
qu'auons ordōnez à iceulx alternatifz,par leurs prouiſions qu'ilz au-
ront,prendront & perceueront en-
ſemble auec leurs anciens gages par
forme de creuë & augmentation,
à commencer du iour qu'ilz au-
ront faict ledict rembourſement
auſdictz alternatifz, ou en leur re-
fuz de le prendre & accepter, ice-
luy conſigner es mains de iuſtice,
ſans ce qu'à eulx, ny à leurs ſucceſſeurs en leurs offices, il ſoit plus
baillé aucun compaignon alternatif, ne par nous, noz ſucceſſeurs
pourueuz auſdictz alternatifz par
le moyen ne ſoubz couleur de no-
ſtre Edict general, ne pareillement
de

de ladicte declaration depuis sur ce
faicte, n'autrement, pour quelque
cause ou occasion que ce soit:des-
quelz edictz & declarations,& tous
aultres qui pour l'aduenir pourroient estre faictz concernans,sem-
blables alternatifz, nous exceptons
& reseruós lesdictz anciens offices
de grenetiers & recepueurs de nos-
dictz magazins, greniers & cham-
bres à sel, les reuocquant & suppri-
mant pour ce regard seulement, &
sans preiudice d'iceulx pour les autres noz officiers comptables,en reuocquant, cassant & adnullant pareillement les lettres & prouisions
qui ont esté de nous obtenues,insti-
tutions faictes en vertu d'icelles , &
de tout ce qui s'en est ensuyui. Et si
par inaduertence , importunité des
requerans , ou aultrement il estoit
cy apres encores faict aucunes pro-

B

uisions alternatiues desdictz offices
à present supprimées par ce present
Edict, fust en vertu desdictz Edict,
declarations ou d'aultres qui pourroyent estre faictes cy apres. Nous
desapresent côme pour lors, & des-
lors côme desapresent, les declarõs
nulles, & de nul effect & valeur, sãs
ce que les pourueuz se puissent au-
cunement immiscer n'entremettre
en l'exercice & iouïssance desdictz
estatz, directemét ou indirectemét,
en quelque maniere que ce soit.

SI donnons en mandement par
cesdictes presentes à noz amez &
feaulx les gês tenãs la Court de noz
Aides à Paris, Tresoriers de France,
Generaux de noz finances, & à tous
autres noz iusticiers & officiers qu'il
appartiendra, que noz presente declaration, suppression, extinction,
abolition, vouloir & intention, ilz

entretiennent, gardēt & obseruent,
facent de poinct en poinct entrete-
nir, garder & obseruer, lire, publier
& enregiftrer, fans fouffrir aller ne
venir, directemēt ou indirectemēt,
au cōtraire, en quelque maniere que
ce foit, & à ce faire, fouffrir & obeyr,
ledict rēbourfemēt toutesfois preal
lablement faict aufdictz pourueuz,
ou bien cōfigné en main de iuftice,
cōme dict eft cy deffus : au reffus de
le prēdre & accepter, cōtraignent &
facēt cōtraindre réaumēt & de faict,
iceux alternatifz pourueuz, par tou
tes voyes & manieres deues en tel
cas requis & accouftumez, nōobftāt
oppofitions ou appellations quelz-
conques, & fans preiudice d'icelles,
pour lefquelles ne voulons eftre dif
feré, dont nous auōs retenu & refer
ué, retenons & referuons à nous & à
noftre cōfeil priué la cōgnoiffance:

B ii

icelle interdicte & defendue, inter-
difons & defendons à tous autres
quelzcõques,voulans que nofdictz
Threforiers generaulx & chafcun
d'eulx, en leur apparoiffant de ces
prefentes,ou vidim⁹ d'icelles deuë-
ment collationné à l'original , &
figné par l'vn de noz amez & feaulx
notaires & fecretaires, & que par
vertu d'icelles lefdictz anciens Grenetiers ayent faict conuenir & ap-
peller par deuãt eux lefdictz Grene
tiers alternatifz ia pourueuz pour
les faictz que deffus,ilz les cõtrain-
gnẽt par arreftz,fufpenfion de leurs
gages, & autres voyes deuës & rai-
fonnables à leur reprefenter les lettres de prouifion par eulx obtenues
defdictz eftatz , pour leur faire faire le rembourfement, tant du prin-
cipal que loyaulx couftz & frais à
la raifon fufdicte, & ledict rẽbour-

sement faict, ou en leur refus de
recepuoir ladicte consignation, &
de vo⁹ faire apparoir de leursdictes
prouisions & quictances pour icelles faire, attendu que des gaiges à
eulx ordonnez,il vous pourra appa
roir par les verifications & attaches
par vous expediées, assignées & or-
dõnées ausdictz Grenetiers anciens
& à leurs successeurs en leursdictz
estatz,& ausquelz nous auons des a
present cõme pour lors aux cas sus
dictz,assigné & assignons lesdictz
gages par nous ordonnez ausdictz
grenetiers alternatifz,pour en estre
par eulx payé, ainsi que dessus est
dict, ou en la forme & maniere que
par vous sera aduisé & ordonné,
en rapportant par eulx ou leurs re-
ceueurs qui aurõt faict ledict paye-
mét des gaiges, l'acte portant ledict .
remboursement ou consignation,

B iii

& voftre ordonnance , & certification de l'execution de la prefente
fuppreffiõ & coppie deuëmét colla
tiõnée des prefentes, pour vne fois
feulement. Voulons lefdictz gaiges
eftre paffez & allouëz es comptes
de noz recepueurs generaulx qu'il
appartiédra,par noz amez & feaulx
les gens de noz comptes, aufquelz
nous mandons ainfi le faire fans dif
ficulté,car tel eft noftre plaifir:non-
obftát lefdictz edictz faictz ou à fai
re fur le faict defdictz alternatifz ou
autres, par lefquelz les eftatz defdictz fuppliãs peuuét ou pourroiét
eftre diminuez, verifications & pro
uifiõs qui pourroiét eftre expediées
dont nous auons excepté & referué
lefdictz eftatz de grenetiers anciẽs.
Et lefdictz edictz defaprefent comme pour lors à ceulx qui fe trouue-
roient contraires ou preiudiciables

aux presentes, reuocqué & reuo-
quons, & en quelques restrinctions,
mandemens, deffenses & lettres à ce
contraires. Et afin que ce soit chose
ferme & stable à tousiours, nous a-
uons faict mettre noste séel à cesdictes presentes, sauf en autres choses
nostre droict, & l'autruy en toutes.

Donné à sainct Germain en Laye, au mois de
Septébre, l'an de grace mil cinq cens cinquāte-
cinq, & de nostre regne le neufiesme.

Ainsi signé sur le reply,    Par le roy en son
conseil, Burgensis. Et Visa. Contētor Congnet.
Et séellées en laqs de soye, de cire verd.

Plus sur le reply est encores escript ce qui
sensuyt:

*Leues, publiées & enregistrées en la Court des*
*aides à Paris, ce requerant le Procureur general du*
*Roy en icelle, reseruè neātmoins aux nouueaux pour-*
*ueuz des offices de grenetiers alternatifz leurs actiōs*
*pour raison des frais qu'ilz pourroyent pretēdre auoir*
*esté par eulx faictz à la poursuitte & expedition de*
*leurs lettres de prouision, oultre la somme de douze*
*escus d'or soleil, taxez par lesdictes lettres, sans retar-*
*dations toutesfois de l'execution du present edict.*
*L'vnziesme iour de septembre, mil cinq cens cinquāte*
*cinq. Ainsi signé    Debondis.*
*Par ordonnance de la Court.*

www.ingramcontent.com/pod-product-compliance
Lightning Source LLC
LaVergne TN
LVHW010839180726
843502LV00009B/3652